Charles Boettcher

Empresario de Colorado

EAGLE VALLEY LIBRARY DISTRICT
P.O. BOX 240   600 BROADWAY
EAGLE, CO 81631   (970) 328-8800

Charles Boettcher

Empresario de Colorado

Por Grace Zirkelbach

Filter Press, LLC
Palmer Lake, Colorado

Charles Boettcher
Empresario de Colorado

por Grace Zirkelbach

Publicado por Filter Press, LLC, conjuntamente con las
Escuelas Públicas de Denver y Colorado Humanities

ISBN: 978-0-86541-118-0
LCCN: 2010942778

Producido con el apoyo de Colorado Humanities y la Fundación
Nacional para las Humanidades. Las opiniones, resultados,
conclusiones o recomendaciones expresadas en esta publicación,
no representan necesariamente las de la Fundación Nacional para
las Humanidades ni las de Colorado Humanities.

La fotografía de la portada es cortesía de Denver Public Library,
Western History Collection, RH-1294.

Propiedad literaria © 2011 de las Escuelas Públicas de Denver y
Colorado Humanities. Derechos reservados.

Queda prohibida la reproducción o transmisión total o parcial,
bajo cualquier forma o medio, sin la autorización por escrito
del editor. Comuníquese con Filter Press, LLC, a través del
888.570.2663.

Impreso en los Estados Unidos de América

Serie Grandes vidas de la historia de Colorado

Para obtener información sobre los próximos títulos a publicarse, comuníquese con *info@FilterPressBooks.com*.

Helen Hunt Jackson por E. E. Duncan

Little Raven por Cat DeRose

Barney Ford por Jamie Trumbull

Doc Susie por Penny Cunningham

Enos Mills por Steve Walsh

William Bent por Cheryl Beckwith

Charles Boettcher por Grace Zirkelbach

Ralph Carr por E. E. Duncan

Josephine Aspinall Roche por Martha Biery

Robert Speer por Stacy Turnbull

Chief Ouray por Steve Walsh

Zebulon Pike por Steve Walsh

Clara Brown por Suzanne Frachetti

Contenido

Mercancía pesada. Artículos de ferretería
    Dinero contante y sonante 1
De Leadville a la fila de los millonarios 5
Dos nuevos negocios 6
Problemas familiares. 9
Charles le da una mano a Colorado 11
Becas Boettcher 14

Preguntas en qué pensar 15
Glosario 16
Línea cronológica 18
Bibliografía. 20
Índice. 21
Sobre esta serie 22
Reconocimientos 24

Cuando era joven, Charles Boettcher hizo su primera fortuna vendiendo herramientas. Era dueño de ferreterías en Boulder y Leadville.

Mercancía pesada. Artículos de ferretería. Dinero contante y sonante.

Charles Boettcher nació en Kolleda, Alemania, en 1852, en donde sus padres eran dueños de una ferretería. En las ferreterías se vende herramientas, máquinas y equipo para la construcción y jardinería. Cuando tenía 17 años de edad, sus padres lo mandaron a América para vivir con su hermano Herman, en Cheyenne, Wyoming. Su hermano trabajaba en una ferretería. En Wyoming, Charles trabajó largas y arduas horas en la misma tienda. Para ahorrar dinero, dormía debajo del mostrador de la tienda.

Charles y Herman trabajaban duro y eran muy cuidadosos con su dinero. Herman compró la tienda de Cheyenne y Charles abrió sus propias tiendas en el **Colorado Territory (Territorio de Colorado)** y logró que tuvieran

Charles Boettcher 1

Fannie Augusta Cowan y Charles Boettcher se casaron in 1874.

éxito. Cuando vivía en Fort Collins, conoció a Fannie Augusta Cowan. Se casaron en 1874 y pronto se mudaron a Boulder, Colorado.

Cortesía de DPL, Western History Collection, X-6369

La C. Boettcher and Co. Hardware (Compañía de Herramientas Boettcher) estaba ubicada en la Harrison Avenue (Avenida Harrison), en Leadville, Colorado, en la década de 1890. Así es como se veía Leadville durante los diez años en que vivió la familia Boettcher en esta población minera.

Su primer hijo, Claude Kedzie, nació al año siguiente.

La familia Boettcher se mudó de nuevo. Esta vez, se mudaron a Leadville para abrir una tienda y venderles herramientas y equipo a los mineros porque éstos necesitan herramientas y suministros. Charles sabía que la vida de los mineros en las minas de oro era ardua y **peligrosa** y que pocos mineros habían logrado encontrar plata u oro. Charles sabía que el negocio de la ferretería era una mejor forma

Charles Boettcher 3

de obtener dinero. El **lema** de su tienda era:
"Mercancía pesada. Artículos de ferretería.
Dinero contante y sonante".

Cortesía de DPL, Western History Collection, X-26295

*Esta casa en East Eighth Avenue (Avenida Ocho), en Denver,
pertenecíó al hijo de Charles, Claude K. Boettcher. En 1960,
la Boettcher Foundation (Fundación Boettcher) donó esta
casa al estado de Colorado y se ha usado como la mansión del
Gobernador desde entonces.*

4 *Charles Boettcher*

De Leadville a Millionaire's Row (Fila de los Millonarios)

Durante los diez años que Charles vivió en Leadville, le fue tan bien con su tienda que compró tierras que podían ser usadas para la minería y un rancho en North Park, Colorado. Charles fue uno de los dueños de la primera compañía de electricidad de Leadville. Empezó también a trabajar en el negocio bancario. En 1889, se fue de Leadville y se mudó a Denver con su esposa y su hijo. Construyó una mansión en una parte de Denver que se llamó la Millionaire's Row. En 1890, Charles y su esposa tuvieron una hija a la que llamaron Ruth. Charles tuvo tantos negocios y tanto dinero que en 1900 decidió jubilarse y ya no volver a trabajar.

Charles Boettcher 5

Dos nuevos negocios

Charles fue un buen padre y pasaba mucho tiempo con su familia. En 1900, Charles se llevó a su familia a un gran viaje por Europa en donde pasaron algún tiempo en Alemania, su **país nativo**. Mientras estaba ahí, observó que los alemanes estaban ocupados cultivando remolacha y haciendo cemento. La remolacha se usa para hacer azúcar, y el cemento era un nuevo producto usado para **construir** edificios. Charles pensó que cultivar remolacha y hacer cemento podría ser un negocio con éxito en Colorado. Su jubilación duró solamente seis meses porque regresó para trabajar en el inicio de estos nuevos negocios. Charles se trajo algunas semillas de remolacha cuando regresó de Europa. La tierra y el **clima** de Colorado fueron perfectos para el cultivo de la remolacha. Abrió una enorme fábrica de azúcar a la que llamó la Great Western Sugar

Company (Gran Compañía Azucarera del Oeste) para hacer azúcar a base de remolacha.

También abrió la Portland Cement Factory (Fábrica de Cemento Portland). Más tarde, el nombre de esta compañía fue cambiado a Ideal Cement Company (Compañía de Cemento Ideal). Colorado estaba creciendo tan de prisa que de una fábrica de cemento se formaron dos fábricas, después tres, luego cuatro, hasta que tuvo nueve fábricas de cemento. Sus fábricas de cemento eran las mejores de Colorado.

El éxito de Charles continuó cuando adquirió más negocios. Era dueño parcial de un ferrocarril, de la Capital Life Insurance Company (Compañía de Seguros de Vida Capital), de la Public Service Company (Compañía de Servicios Públicos), del Denver National Bank (Banco Nacional de Denver) y del famoso Brown Palace Hotel (Hotel Brown Palace). A pesar de que era muy rico, a Charles

Boettcher le gustaba vender artículos de ferretería más que ninguna otra cosa. En abril de 1934, le dijo al periódico *Rocky Mountain News*: "Los artículos de ferretería es uno de los mejores negocios que hay. Me gusta esa línea. Me criaron haciendo esto. Las hachas y los martillos no pasan de moda como muchas otras cosas".

Problemas familiares

En 1919, Ruth, la hija de Charles, se iba
a casar. La boda iba a ser en la casa de los
Boettcher, en la Millionaire's Row. Fannie
pensó que el **solario** seria un lugar hermoso
para celebrar la boda. Quería agregar un
solario grande de mármol y vidrio a la parte de
atrás de su casa. Charles pensaba que su casa
era ya lo suficientemente grande y hermosa.
Fannie hizo que se realizara el trabajo en
la casa a pesar de que Charles no lo quería
así. Charles Boettcher estaba acostumbrado
a ahorrar dinero. No quería que su esposa
gastara dinero en algo que él no había
aprobado, a pesar de que tenían muchísimo
dinero. Ruth tuvo una gran boda de lujo,
pero, poco después de la boda, Charles se
mudó de su casa. Eventualmente se fue a vivir
a un apartamento del Brown Palace Hotel.
Nunca regresó a vivir con su esposa. Fue el
final de su matrimonio de 45 años.

El hecho de ser ricos y famosos hizo de la familia Boettcher el blanco de los delincuentes. El 13 de febrero de 1933, alguien **secuestró** al nieto de Charles Boettcher, Charles Boettcher II, o Charlie, que tenía 32 años de edad en esa época. La policía estaba buscando a Verne Sankey, el secuestrador. Se le describía como "peligroso", un "gángster" y "Enemigo Público Número Uno". El secuestrador llevó a Charles a un escondite en Kansas. Diecisiete días más tarde, Charles pagó $60,000 por el **rescate** para que le devolvieran a su nieto. El secuestro se publicó en todos los periódicos y muchos policías fueron asignados al caso. Charles fue liberado sano y salvo y se detuvo a Sankey y a los otros secuestradores, poniéndolos en la cárcel.

Charles le da una mano
a Colorado

Charles amaba a Colorado. Unos años después
del secuestro, Charles decidió regalar mucho
de su dinero. Quería que su dinero ayudara
a la gente de Denver y de Colorado. Charles
y su hijo Claude iniciaron la Boettcher

*Charles Boettcher trabajó en su oficina en el centro de
Denver hasta poco antes de su muerte a los 96 años de edad.
Fue presidente de la Ideal Cement Company (Compañía
de Cemento Ideal), el fundador de la Great Western Sugar
Company (Gran Compañía Azucarera del Oeste) y socio de
empresas que incluían desde bancos hasta ferrocarriles.*

Charles Boettcher 11

Foundation (**Fundación** Boettcher) en 1937. La Boettcher Foundation da dinero a diferentes causas, tales como las artes, grupos comunitarios y escuelas. Su fundación donó dinero para construir muchos estupendos edificios en Denver. Charles le donó a Colorado sus tierras y su casa de verano en Lookout Mountain (Montaña Lookout). La fundación pagó por un enorme conservatorio, un edificio para plantas con un techo de cristal en los Denver Botanic Gardens (Jardines Botánicos de Denver) y el Boettcher Concert Hall (Salón de Conciertos Boettcher), que es la sede de la Colorado Symphony (Orquesta Sinfónica de Colorado). Muchos edificios de educación superior fueron construidos con dinero de la Boettcher Foundation. La Boettcher Foundation donó hasta la Governor's Mansion (Mansión del Gobernador de Colorado), que había sido la casa del hijo de Charles, Claude Boettcher.

Después de una larga y exitosa vida, Charles murió a los 96 años de edad, en 1948. La obra de la Governor's Mansion mantiene viva su memoria en Colorado.

Becas Boettcher

Podría ser que Charles Boettcher cambiara tu vida. Charles creó un programa de **becas** para la educación superior. Cada año se otorgan veinte becas completas de educación superior a estudiantes de escuela preparatoria de Colorado. Ésta paga los estudios de cuatro años completos de educación superior. Cada beca paga todos los gastos originados en una institución de educación superior, tales como alimentos, libros y alojamiento. Hasta proporciona dinero para gastar. Las becas se otorgan a estudiantes calificados que se preocupan por hacer que el mundo sea un lugar mejor. Podría ser que *tú* recibieras una de estas becas en tu último año de la escuela preparatoria.

Preguntas en qué pensar

- ¿Cómo se hizo rico Charles Boettcher en las zonas mineras?

- ¿De qué manera un criminal trató de hacerle daño a la familia de Boettcher?

- Actualmente, ¿quién vive en la casa que le pertenecía a Claude Boettcher?

Preguntas para los Jóvenes Chautauquans

- ¿Por qué se me recuerda (o debo ser recordado) a través de la historia?

- ¿A qué adversidades me enfrenté y cómo las superé?

- ¿Cuál es mi contexto histórico? (¿Qué más sucedía en la época en que yo vivía?)

Charles Boettcher

Glosario

Becas: dinero que se le otorga a los estudiantes para que pague por su educación.

Clima: condiciones climáticas promedio de un lugar o región en particular que se ha establecido durante un período de años.

Colorado Territory (Territorio de Colorado): un territorio es parte de los Estados Unidos que no es un estado pero está bajo el control del gobierno federal. Colorado y otros estados al oeste del Mississippi fueron territorios antes de que se volvieran estados.

Construir: unir partes a fabricar algo.

Foundation (Fundación): organización que regularmente otorga dinero a individuos o grupos.

Lema: oración o frase corta que se escribe sobre algo (como por ejemplo sobre una moneda o edificio) que indica su intención o propósito.

País nativo: lugar de nacimiento o de origen de la familia.

Peligrosa: algo que involucra riesgo o posible daño físico o pérdida.

Rescate: algo exigido o pago que se debe hacer para lograr la libertad de una persona secuestrada.

Secuestró: capturar y mantener a alguien como prisionero hasta que se responda a ciertas demandas.

Solario: lugar con paredes de vidrio y muchas ventanas diseñado para dejar entrar la luz del sol.

Línea Cronológica

1852
Charles nació en Alemania.

1859
Empezó la Gold Rush (Fiebre del Oro) en Colorado.

1869
Charles vino a los Estados Unidos cuando tenía 17 años de edad.

1872
Charles abrió la tienda de artículos de ferretería en Fort Collins (Fuerte Collins), Colorado.

1874
Charles se casó con Fannie Augusta Cowan. Charles se mudó a Boulder, Colorado y abrió una tienda.

1875
Su hijo Claude Kedzie nació.

1878
La familia Boettcher se mudó a Leadville y abrió una tienda de ferretería. Charles compró tierras para explotar minas e invirtió en otros negocios.

1890
La familia Boettcher se mudó a Denver. La familia Boettcher viajó a Europa durante seis meses.

Línea Cronológica

1891
Charles inició la Great Western Sugar Company (Gran Compañía Azucarera del Oeste) y la Ideal Cement Company (Compañía de Cemento Ideal). Su hija Ruth Augusta nació.

1893
La depresión golpeó Colorado.

1919
Su hija Ruth se casó. Charles y Fannie se separaron.

1922
Charles compró el Brown Palace Hotel donde vivió.

1933
Su nieto Charlie fue secuestrado.

1937
Se inició la Fundación Boettcher.

1948
Charles murió en Denver a los 96 años de edad.

Charles Boettcher 19

Bibliografía

Noel, Tom. "History: Charles Boettcher." *Denver's Characters.* http://www.denvergov.org/AboutDenver/history_char_boettcher.asp (consultado el 6 de noviembre de 2008).

Robb, Anne C. *Boettcher Hardware.* http://www.boettcherfoundation.org/pdf/Boettcher-Times.pdf (consultado el 6 de noviembre de 2008).

Wood, Richard E. *Here Lies Colorado.* Helena, Montana: Farcountry Press, 2005.

Índice

Becas Boettcher, 14
Boettcher, Charles,
  casa de verano, 12
  muerte, 12, 13
  matrimonio, 2, 9
  niños, 3, 5
Boettcher, Charles, II,
  secuestro, 10
Boettcher, Claude
  Kedzie, 3, 4, 11, 12
Boettcher, Fannie
  Cowan, 2, 9
Boettcher, Ruth, 5, 9
Boettcher Foundation
  (Fundación Boettcher),
  4, 12
Brown Palace Hotel
  (Hotel Brown Palace),
  7, 9

Cheyenne, Wyoming, 1

Denver Botanic Gardens
  (Jardines Botánicos de
  Denver), 12

Governor's Mansion
  (Mansión del
  Gobernador), 4, 12, 13

Great Western Sugar
  Company (Gran
  Compañía Azucarera
  del Oeste), 6, 7, 11

Ideal Cement Company
  (Compañía de Cemento
  Ideal), 7, 11

Kolleda, Alemania, 1

Leadville, Colorado, 3, 5

Millionaire's Row (Fila de
  los Millonarios), 5, 9

Sankey, Verne, 10

Charles Boettcher 21

Sobre esta serie

En 2008, Colorado Humanities y el Departamento de Estudios Sociales de las Escuelas Públicas de Denver (DPS) iniciaron una asociación para ofrecer el programa Young Chautauqua de Colorado Humanities en DPS y crear una serie de biografías de personajes históricos de Colorado escritas por maestros para jóvenes lectores. Al proyecto se le llamó "Writing Biographies for Young People." Filter Press se unió al esfuerzo para publicar las biografías en 2010.

Los maestros asistieron a seminarios, aprendieron de conferenciantes y autores Chautauqua de Colorado Humanities y recorrieron tres grandes bibliotecas de Denver: La Biblioteca Hart en History Colorado, el Departamento de Historia del Oeste/Genealogía de la Biblioteca Pública de Denver y la Biblioteca Blair-Caldwell de Investigaciones Afro-americanas. La meta era escribir biografías usando las mismas aptitudes que les pedimos a los estudiantes: identificar y ubicar fuentes de información de alta calidad para la investigación, documentar esas fuentes de información y seleccionar la información apropiada contenida en las fuentes de información.

Lo que tienes ahora en tus manos es la culminación de los esfuerzos de estos maestros. Con esta colección de biografías apropiadas para los jóvenes lectores, los estudiantes podrán leer e investigar por sí solos, aprender aptitudes valiosas para la investigación, y escribir a temprana edad. Mientras leen cada una de las biografías, los estudiantes obtienen conocimientos y aprecio por los esfuerzos y adversidades superadas

por la gente de nuestro pasado, el período en el que vivieron y el porqué deben ser recordados en la historia.

El conocimiento es poder. Esperamos que este conjunto de biografías ayude a que los estudiantes de Colorado se den cuenta de la emoción que se siente al aprender historia a través de las biografías.

Se puede obtener información sobre esta serie de cualquiera de estos tres socios:
Filter Press en www.FilterPressBooks.com
Colorado Humanities en www.ColoradoHumanities.org
Escuelas Públicas de Denver en http://curriculum.dpsk12.org

Reconocimientos

Colorado Humanities y las Escuelas Públicas de Denver hacen un reconocimiento a las muchas personas y organizaciones que ha contribuido para hacer realidad la serie Grandes vidas en la Historia de Colorado. Entre ellas se encuentran:

Los maestros que aceptaron el reto de escribir las biografías

Margaret Coval, Directora Ejecutiva de Colorado Humanities

Josephine Jones, Directora de Programas de Colorado Humanities

Betty Jo Brenner, Coordinadora de Programas de Colorado Humanities

Michelle Delgado, Coordinadora de Estudios Sociales para kindergarten a 5º grado, de las Escuelas Públicas de Denver

Elma Ruiz, Coordinadora de Estudios Sociales 2005-2009, para kindergarten a 5º grado, de las Escuelas Públicas de Denver

Joel' Bradley, Coordinador de Proyectos de las Escuelas Públicas de Denver

El equipo de Servicios de Traducción e Interpretación, de la Oficina de Enlaces Multiculturales de las Escuelas Públicas de Denver

Nelson Molina, Preparador/entrenador del programa de Capacitación Profesional de ELA y Persona de Enlace Escolar de las Escuelas Públicas de Denver

John Stansfield, narrador de cuentos, escritor y líder experto del Instituto para maestros

Tom Meier, autor e historiador de los Arapaho

Celinda Reynolds Kaelin, autora y experta en la cultura Ute

National Park Service, Sitio Histórico Nacional Bent's Old Fort

Daniel Blegen, autor y experto en Bent's Fort

Biblioteca de Investigaciones Afroamericanas Blair-Caldwell

Coi Drummond-Gehrig, Departamento de Historia/ Genealogía Occidental de la Biblioteca Pública de Denver

Jennifer Vega, Biblioteca Stephen H., de History Colorado

Dr. Bruce Paton, autor y experto Zebulon Pike

Dr. Tom Noel, autor e historiador de Colorado

Susan Marie Frontczak, oradora chautauqua y capacitadora de la Juventud Chautauqua

Mary Jane Bradbury, oradora chautauqua y capacitadora de la Juventud Chautauqua

Dr. James Walsh, orador chautauqua y capacitador de la Juventud Chautauqua

Richard Marold, orador chautauqua y capacitador de la Juventud Chautauqua

Doris McCraw, autora y experta en materia de Helen Hunt Jackson

Kathy Naples, oradora chautauqua y experta en materia de Doc Susie

Tim Brenner, editor

Debra Faulkner, historiadora y archivista, Hotel Brown Palace

Kathleen Esmiol, autora y oradora del Instituto de Maestros Vivian Sheldon Epstein, autora y oradora del Instituto de Maestros

Charles Boettcher 25

Celinda Reynolds Kaelin, author and Ute culture expert

National Park Service, Bent's Old Fort National Historic Site

Daniel Blegen, author and Bent's Fort expert

Blair-Caldwell African American Research Library

Coi Drummond-Gehrig, Denver Public Library, Western History/Genealogy Department

Jennifer Vega, Stephen H. Hart Library, History Colorado

Dr. Bruce Paton, author and Zebulon Pike expert

Dr. Tom Noel, author and Colorado historian

Susan Marie Frontczak, Chautauqua speaker and Young Chautauqua coach

Mary Jane Bradbury, Chautauqua speaker and Young Chautauqua coach

Dr. James Walsh, Chautauqua speaker and Young Chautauqua coach

Richard Marold, Chautauqua speaker and Young Chautauqua coach

Doris McCraw, author and Helen Hunt Jackson subject expert

Kathy Naples, Chautauqua speaker and Doc Susie subject expert

Tim Brenner, editor

Debra Faulkner, historian and archivist, Brown Palace Hotel

Kathleen Esmiol, author and Teacher Institute speaker

Vivian Sheldon Epstein, author and Teacher Institute speaker

Acknowledgments

Colorado Humanities and Denver Public Schools acknowledge the many contributors to the Great Lives in Colorado History series. Among them are the following:

The teachers who accepted the challenge of writing the biographies
Margaret Coval, Executive Director, Colorado Humanities
Josephine Jones, Director of Programs, Colorado Humanities
Betty Jo Brenner, Program Coordinator, Colorado Humanities
Michelle Delgado, K–5 Social Studies Coordinator, Denver Public Schools
Elma Ruiz, K–5 Social Studies Coordinator, Denver Public Schools, 2005–2009
Joel' Bradley, Project Coordinator, Denver Public Schools
Translation and Interpretation Services Team, Multicultural Outreach Office, Denver Public Schools
Nelson Molina, ELA Professional Development Trainer/Coach and School Liaison, Denver Public Schools
John Stansfield, storyteller, writer, and Teacher Institute lead scholar
Tom Meier, author and Arapaho historian

Knowledge is power. We hope this set of biographies will help Colorado students know the excitement of learning history through biography.

Information about the series can be obtained from any of the three partners:

Filter Press at www.FilterPressBooks.com
Colorado Humanities at www.ColoradoHumanities.org
Denver Public Schools at http://curriculum.dpsk12.org

About This Series

In 2008, Colorado Humanities and Denver Public Schools' Social Studies Department began a partnership to bring Colorado Humanities' Young Chautauqua program to DPS and to create a series of biographies of Colorado historical figures written by teachers for young readers. The project was called "Writing Biographies for Young People." Filter Press joined the effort to publish the biographies in 2010.

Teachers attended workshops, learned from Colorado Humanities Chautauqua speakers and authors, and toured three major libraries in Denver: The Hart Library at History Colorado, the Western History/Genealogy Department in the Denver Public Library, and the Blair-Caldwell African American Research Library. Their goal was to write biographies using the same skills we ask of students: identify and locate high-quality sources for research, document those sources, and choose appropriate information from the resources.

What you hold in your hands now is the culmination of these teachers' efforts. With this set of age-appropriate biographies, students will be able to read and research on their own, learning valuable skills of research and writing at a young age. As they read each biography, students gain knowledge and appreciation of the struggles and hardships overcome by people from our past, the time period in which they lived, and why they should be remembered in history.

Index

Boettcher, Charles,
    children, 3, 5
    death, 11
    marriage, 1, 8
    summer house, 10
Boettcher, Charles, II,
    kidnapping, 9
Boettcher, Claude
    Kedzie, 3, 4, 10, 11
Boettcher, Fannie
    Cowan, 1, 2, 8
Boettcher Foundation, 4,
    10, 11
Boettcher, Ruth, 5, 8
Boettcher Scholarship, 12
Brown Palace Hotel, 7, 8

Cheyenne, Wyoming, 1

Denver Botanic Gardens,
    10

Governor's Mansion, 4,
    11
Great Western Sugar
    Company, 6, 11

Ideal Cement Company,
    7, 11

Kolleda, Germany, 1

Leadville, Colorado, 3,
    4, 5

Millionaire's Row, 5, 8

Sankey, Verne, 9

Bibliography

Noel, Tom. "History: Charles Boettcher." *Denver's Characters.* http://www.denvergov.org/AboutDenver/history_char_boettcher.asp (accessed November 6, 2008).

Robb, Anne C. *Boettcher Hardware.* http://www.boettcherfoundation.org/pdf/Boettcher-Times.pdf (accessed November 6, 2008).

Wood, Richard E. *Here Lies Colorado.* Helena, Montana: Farcountry Press, 2005.

Timeline

1891
Charles started Great Western Sugar Company and Ideal Cement Company. Daughter Ruth Augusta was born.

1893
Depression hit Colorado.

1919
Daughter Ruth was married. Charles and Fannie separated.

1922
Charles bought the Brown Palace Hotel where he lived.

1933
Grandson Charlie was kidnapped.

1937
Boettcher Foundation was started.

1948
Charles died in Denver at age 96.

Timeline

1852
Charles was born in Germany.

1859
Colorado Gold Rush began.

1869
Charles came to United States at age 17.

1872
Charles opened hardware store in Fort Collins, Colorado.

1874
Charles married Fannie Augusta Cowan. Charles moved to Boulder, Colorado, and opened a store.

1875
Son Claude Kedzie was born.

1878
The Boettcher family moved to Leadville and opened a hardware store. Charles bought mining land and invested in other businesses.

1890
The Boettcher family moved to Denver. The Boettcher family traveled to Europe for six months.

Ransom: something demanded or paid to gain the release of a captured person.

Risky: involving danger or a chance of injury or loss.

Scholarship: money given to a student to pay the costs of education.

Sunroom: room with glass walls or numerous windows designed to let in sunlight.

Glossary

Climate: average weather for particular place or region over a period of years.

Colorado Territory: a territory is part of the United States that is not a state but is under the control of the federal government. Colorado and other states west of the Mississippi were territories before they became states.

Construct: to put together or build something.

Foundation: organization that regularly gives money to individuals or groups.

Kidnapped: captured and held prisoner until certain demands are met.

Motto: short sentence or phrase written on something (such as a coin or building) to suggest its use or guiding principal.

Native country: place of birth or family origin.

Questions to Think About

- How did Charles Boettcher get rich in the mining country?

- How did a criminal try to harm Boettcher's family?

- Today, who lives in the house that Claude Boettcher owned?

Questions for Young Chautauquans

- Why am I (or should I be) remembered in history?

- What hardships did I face and how did I overcome them?

- What is my historical context (what else was going on in my time)?

Boettcher Scholarships

Perhaps Charles Boettcher will change your life. Charles created a college **scholarship** program. Twenty full college scholarships are given to Colorado high school students each year to pay for all four years of college. Each scholarship pays all college expenses, such as food, books, and housing. It even provides spending money. Scholarships are given to qualified students who care about making the world a better place. Maybe *you* will receive one of these scholarships in your senior year of high school.

the Governor's Mansion, which had been the home of Charles's son, Claude Boettcher.

After a long and successful life, Charles died at the age of 96 in 1948. The work of the Boettcher Foundation keeps his memory alive in Colorado.

Charles Boettcher worked in his office in downtown Denver until shortly before his death at 96. He was president of the Ideal Cement Company, the founder of the Great Western Sugar Company, and a part owner of businesses from banks to railroads.

Charles Gives Colorado a Hand

Charles loved Colorado. A few years after the kidnapping, Charles decided to give much of his money away. He wanted his money to help the people of Denver and Colorado. Charles and his son, Claude, started the Boettcher **Foundation** in 1937. The Boettcher Foundation gives money to many different causes, such as the arts, community groups, and schools. His foundation donated money to build many great buildings in Denver. Charles gave Colorado his land and summer house on Lookout Mountain. The foundation paid for a huge conservatory, a building for plants with a glass roof, at Denver Botanic Gardens and the Boettcher Concert Hall, the home of the Colorado Symphony. Many college buildings in the state were built with Boettcher Foundation funds. The Boettcher Foundation even gave Colorado

Being rich and famous made the Boettcher family a target for criminals. On February 13, 1933, someone **kidnapped** Charles Boettcher's grandson, Charles Boettcher II, or Charlie, who was 32 years old at the time. The police were looking for the kidnapper, Verne Sankey. He was described as "dangerous," a "gangster," and "Public Enemy Number One." The kidnappers took Charlie to a hideout in Kansas. Seventeen days later, Charles paid $60,000 in **ransom** money to get his grandson back. The kidnapping was in all the newspapers and many police were on the case. Charlie was released unharmed, and Sankey and the other kidnappers were caught and put in jail.

Family Troubles

In 1919, Charles's daughter, Ruth, was going to be married. The wedding was to be in the Boettcher home on Millionaire's Row. Fannie thought a **sunroom** would be a beautiful place to have the wedding. She wanted to add a large marble and glass sunroom to the back of their house. Charles thought their house was already beautiful and big enough. Fannie had the work done on the house even though Charles did not want it. Charles Boettcher was used to saving money. He did not want his wife to spend money on something he didn't approve of, even though they had lots and lots of money. Ruth had a big, fancy wedding, but, soon after the wedding, Charles moved out of his home. He eventually moved into an apartment in the Brown Palace Hotel. He never moved back in with his wife. It was the end of their marriage of 45 years.

He also opened the Portland Cement Factory. The company name was later changed to the Ideal Cement Company. Colorado was growing so fast that one cement factory became two factories, then three, then four, until he had nine cement factories. His cement factories were the best in Colorado.

Charles's success continued when he bought into more businesses. He was part owner of a railroad, Capital Life Insurance Company, the Public Service Company, Denver National Bank, and the famous Brown Palace Hotel. Even though he was very rich, Charles Boettcher liked selling hardware more than anything else. In April 1934, he told the *Rocky Mountain News*, "Hardware is one of the best businesses there is. I like that line. I was brought up in it. Axes and hammers don't go out of style like so many other things."

Two New Businesses

Charles was a good father and spent much time with his family. In 1900, Charles took his family on a grand tour of Europe, where they spent time in his **native country** of Germany. While he was there, he noticed that Germans were busy growing sugar beets and making cement. Sugar beets are used to make sugar, and cement was a new product used to **construct** buildings. Charles thought growing sugar beets and making cement could be successful Colorado businesses. His retirement lasted only six months because he went back to work starting these new businesses. Charles brought some sugar beet seeds with him when he returned from Europe. Colorado's soil and **climate** were perfect for growing really good sugar beets. He opened a huge sugar factory called the Great Western Sugar Company to make sugar from the beets.

Colorado. Charles was one of the owners of Leadville's first electric company. He also started working in the banking business. In 1889, he left Leadville and moved to Denver with his wife and son. He built a mansion in a part of Denver that was called Millionaire's Row. Charles and his wife had a daughter they named Ruth in 1890. He had so many businesses and so much money that in 1900, he decided to retire and not work anymore.

From Leadville to Millionaire's Row

For the ten years Charles lived in Leadville, his store did so well that he bought land that could be mined and a ranch in North Park,

This home on East Eighth Avenue in Denver belonged to Charles's son, Claude K. Boettcher. In 1960, the Boettcher Foundation gave the house to the state of Colorado, and it has been used as the Governor's Mansion since then.

The C. Boettcher and Co. Hardware was located on Harrison Avenue in Leadville, Colorado, in the 1890s. This is how Leadville looked during the ten years the Boettcher family lived in the mining town.

Their first child, Claude Kedzie, was born the next year.

The Boettcher family moved again. This time, they moved to Leadville to open a store to sell tools and equipment to the miners because every miner needed tools and supplies. Charles knew that a gold miner's life was hard and **risky** and that few miners ever found any silver or gold. He knew that the hardware business was a better way to make money. The **motto** of his store was "Hard Goods. Hardware. Hard Cash."

Charles Boettcher

Fannie Augusta Cowan and Charles Boettcher were married in 1874.

Hard Goods. Hardware. Hard Cash.

Charles Boettcher was born in Kolleda, Germany, in 1852, where his parents owned a hardware store. Hardware stores sell tools, machines, and equipment for building and gardening. When he was 17 years old, his parents sent him to America to live with his brother, Herman, in Cheyenne, Wyoming. His brother worked in a hardware store. In Wyoming, Charles worked long, hard hours in the same store. To save money, he slept under the counter in the store.

Charles and Herman were hard workers and careful with their money. Herman bought the Cheyenne store, and Charles opened his own stores in **Colorado Territory** and made them a success. While living in Fort Collins, he met Fannie Augusta Cowan. They were married in 1874 and soon moved to Boulder, Colorado.

As a young man, Charles Boettcher made his first fortune selling hardware. He owned hardware stores in Boulder and Leadville.

Contents

Hard Goods. Hardware. Hard Cash. . 1
From Leadville to Millionaire's Row . . 4
Two New Businesses. 6
Family Troubles 8
Charles Gives Colorado a Hand 10
Boettcher Scholarships 12

Questions to Think About 13
Glossary 14
Timeline. 16
Bibliography. 18
Index 19
About This Series 20
Acknowledgments 22

Great Lives in Colorado History Series

For information on upcoming titles,
contact *info@FilterPressBooks.com*.

Helen Hunt Jackson by E. E. Duncan

Little Raven by Cat DeRose

Barney Ford by Jamie Trumbull

Doc Susie by Penny Cunningham

Enos Mills by Steve Walsh

William Bent by Cheryl Beckwith

Charles Boettcher by Grace Zirkelbach

Ralph Carr by E. E. Duncan

Josephine Aspinall Roche by Martha Biery

Robert Speer by Stacy Turnbull

Chief Ouray by Steve Walsh

Zebulon Pike by Steve Walsh

Clara Brown by Suzanne Frachetti

Charles Boettcher:
Colorado Businessman

by Grace Zirkelbach

Published by Filter Press, LLC, in cooperation with
Denver Public Schools and Colorado Humanities

ISBN: 978-0-86541-118-0
LCCN: 2010942778

Produced with the support of Colorado Humanities and the National Endowment for the Humanities. Any views, findings, conclusions, or recommendations expressed in this publication do not necessarily represent those of the National Endowment for the Humanities or Colorado Humanities.

Cover photograph courtesy Denver Public Library, Western History Collection, RH-1294.

Copyright © 2011 Denver Public Schools and Colorado Humanities. All rights reserved.

No part of this publication may be reproduced or transmitted in any form or by any means without permission in writing from the publisher. Contact Filter Press, LLC, at 888.570.2663.

Printed in the United States of America

Charles Boettcher

Colorado Businessman

by Grace Zirkelbach

Filter Press, LLC
Palmer Lake, Colorado

J 921 COL
Zirkelbach, Grace.
Charles Boettcher

Charles

DATE DUE

EAGLE VALLEY LIBRARY DISTRICT
P.O. BOX 240   600 BROADWAY
EAGLE, CO 81631   (970) 328-8800